AKIRA MIYOSHI
RÊVE COLORIE

pour 2 Clarinettes

三善 晃

2本のクラリネットのための

彩夢

zen-on music

2本のクラリネットのための

彩夢 *RÊVE COLORIÉ pour 2 Clarinettes*

〔2本のクラリネットのための〕

彩　夢

RÊVE COLORIÉ pour 2 Clarinettes

1．紅（くれない）

1. CRAMOISI

[♩≒40]

Akira Miyoshi

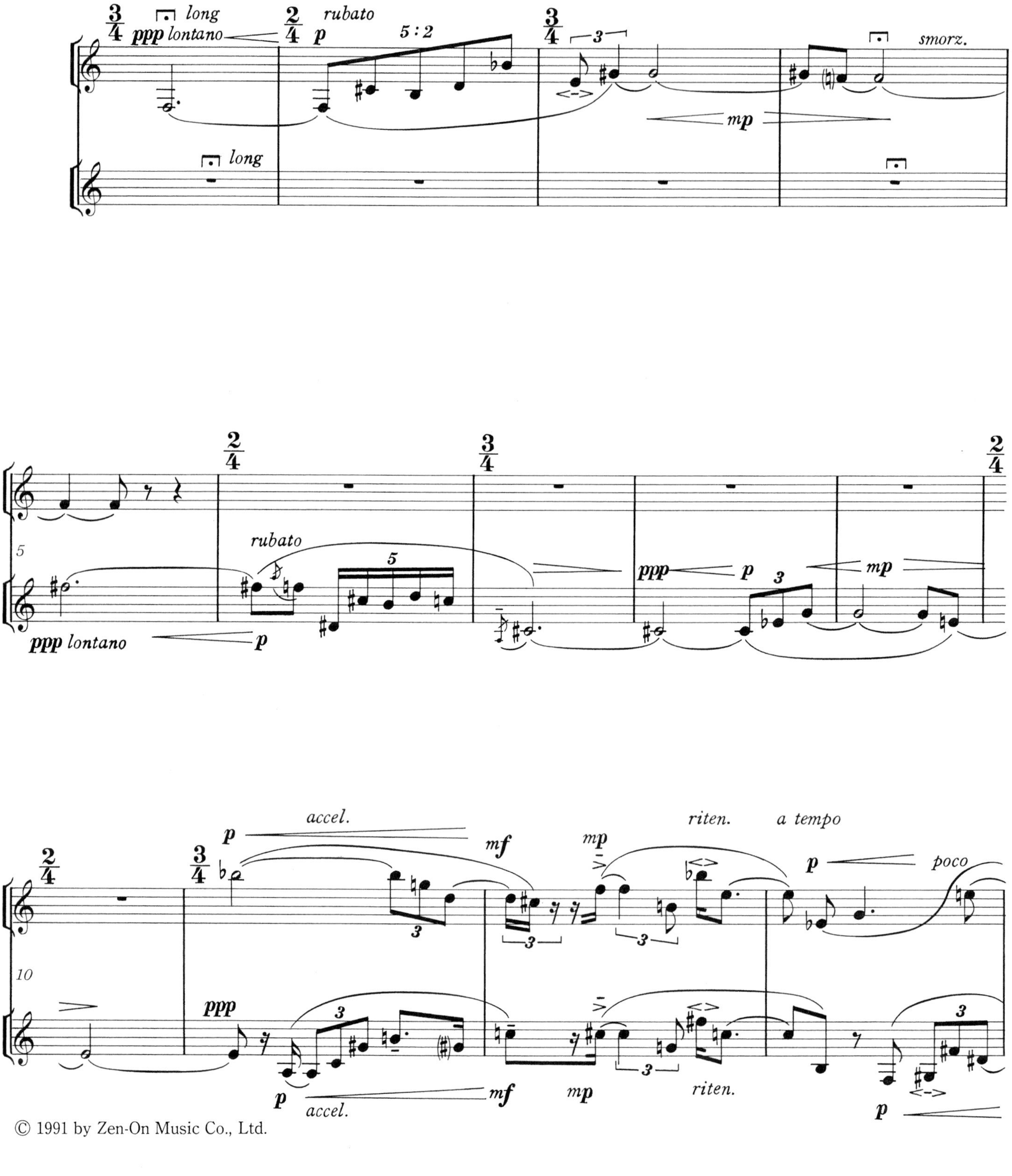

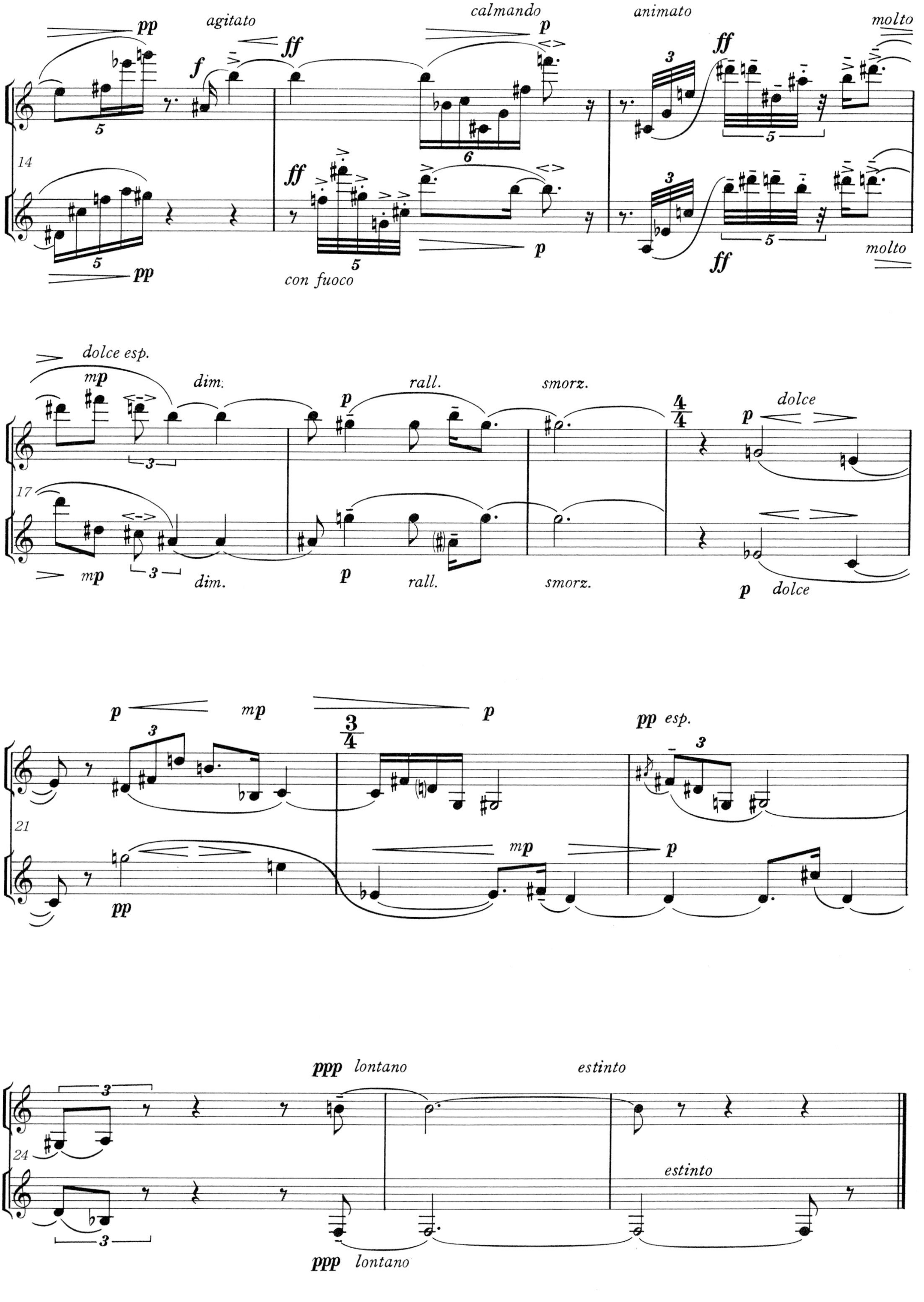
agitato
calmando
animato
molto
14
con fuoco
molto
dolce esp.
dim.
rall.
smorz.
dolce
17
dim.
rall.
smorz.
dolce
esp.
21
lontano
estinto
24
estinto
lontano

2．幼鬼（ようき）

2. PETIT OGRE

Akira Miyoshi

[♩≒152]

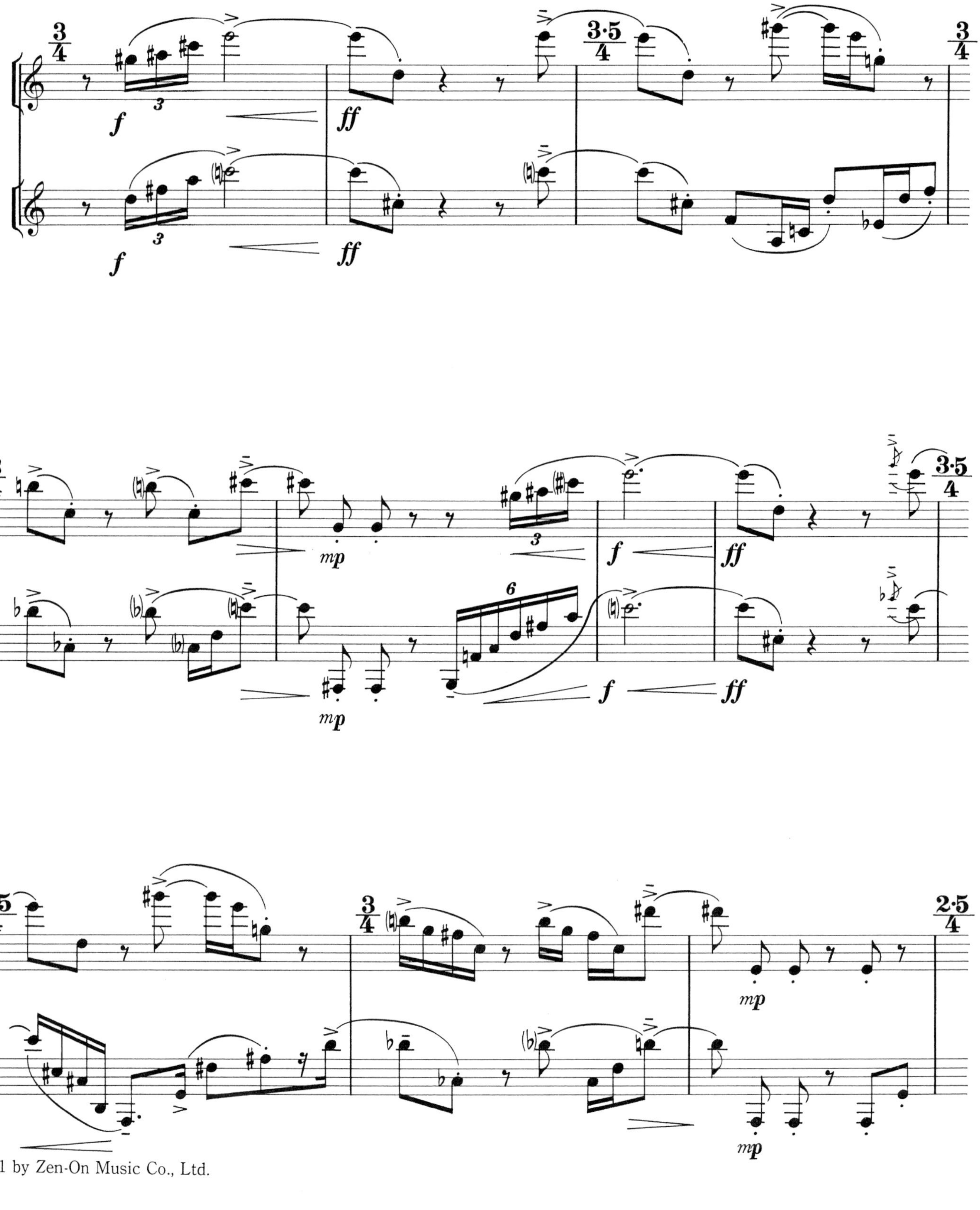

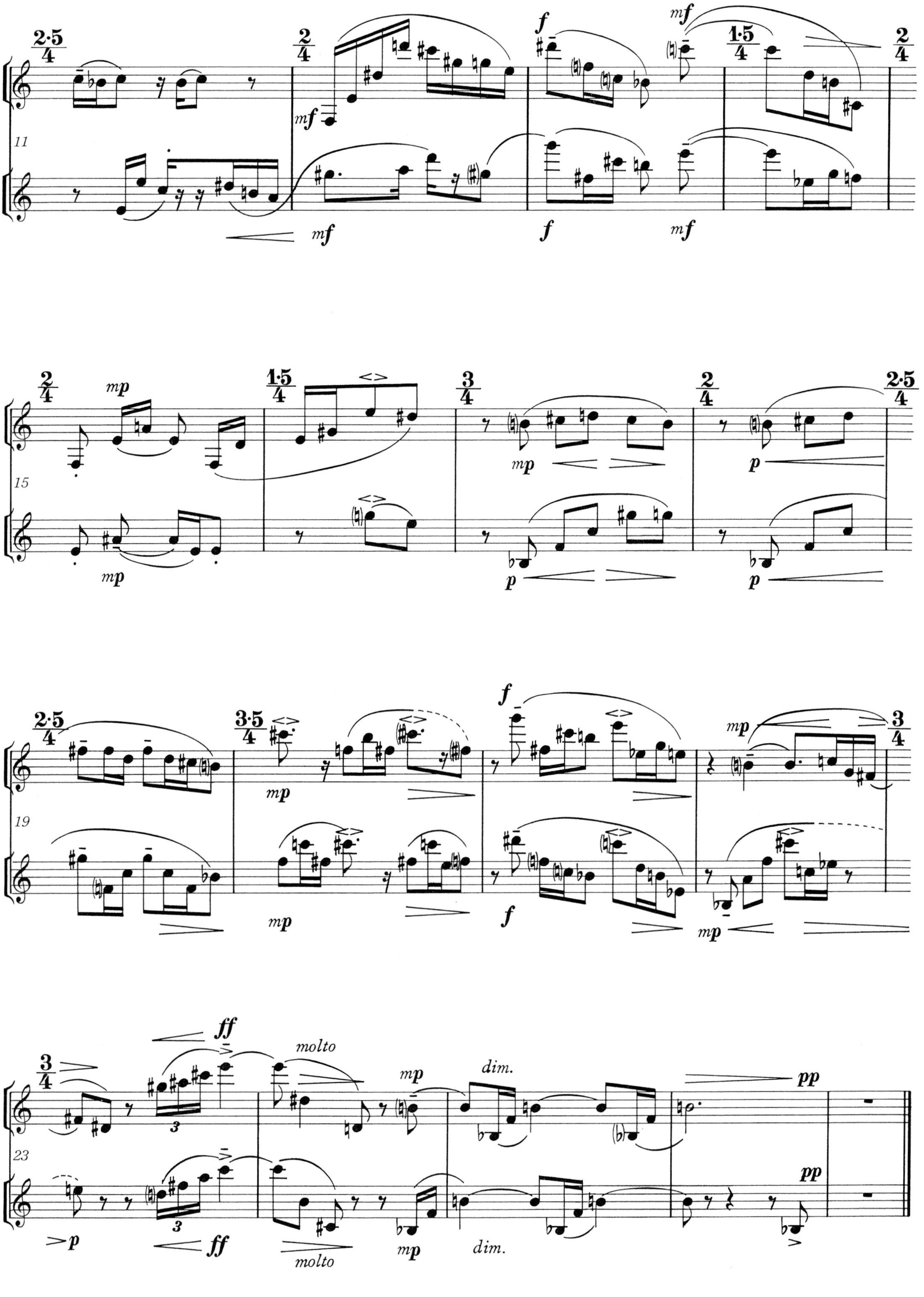
molto
dim.
molto
dim.

3．渠（きょ）

3. TROU

Akira Miyoshi

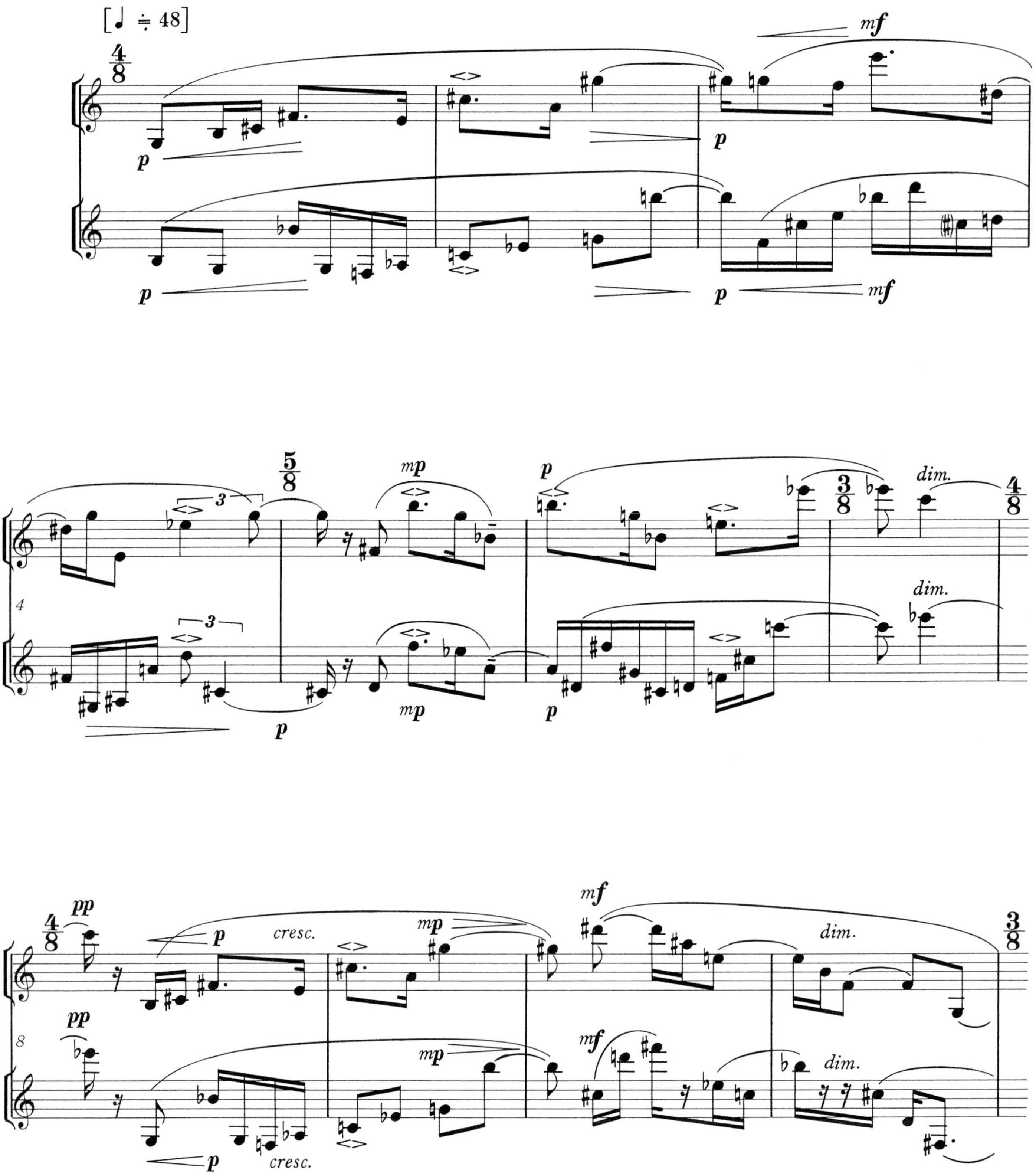

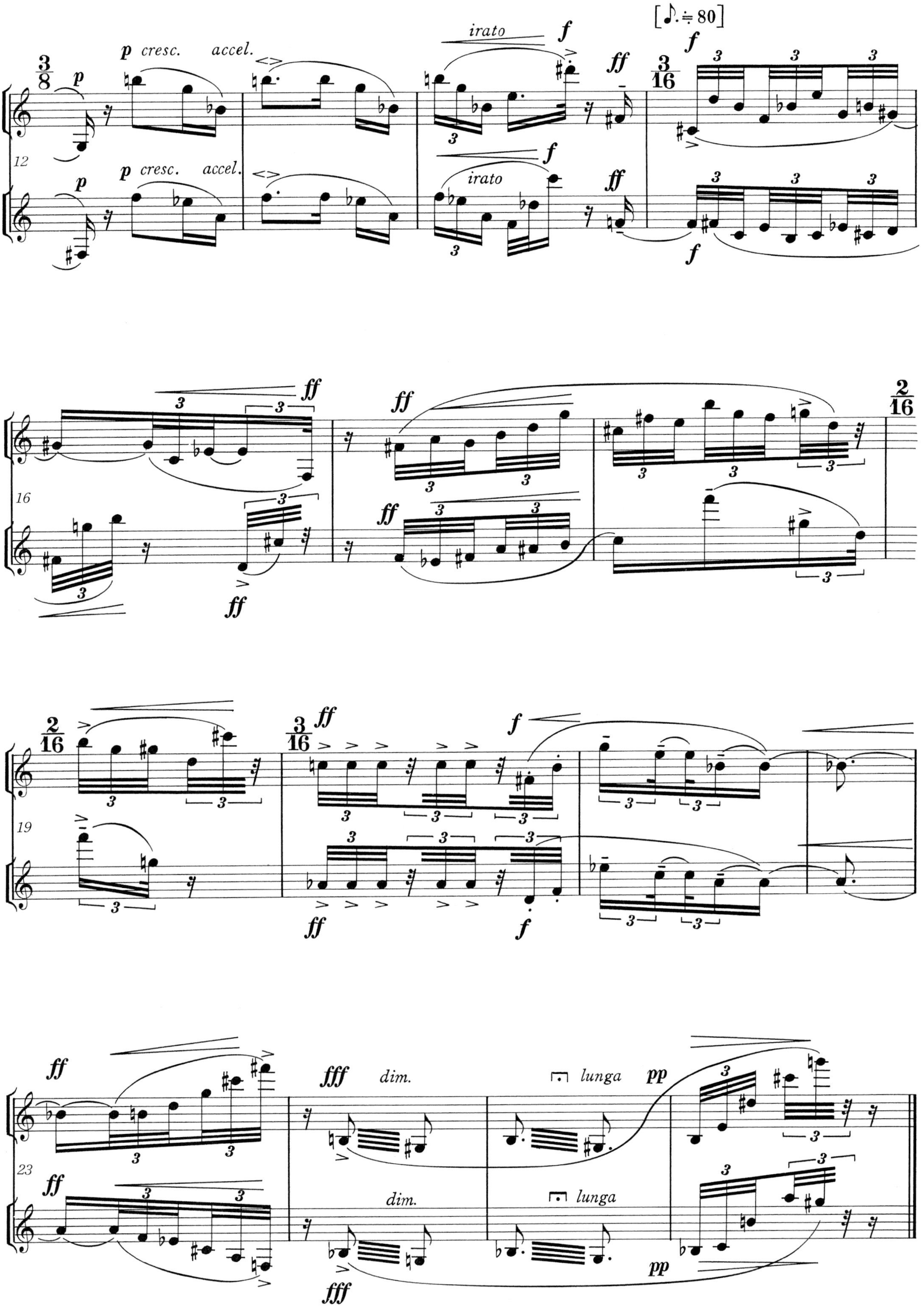
[♪. ≒ 80]
p cresc. accel.
irato
dim.
lunga

4. 茜（あかね）

4. ROUGE–CERISE

Akira Miyoshi

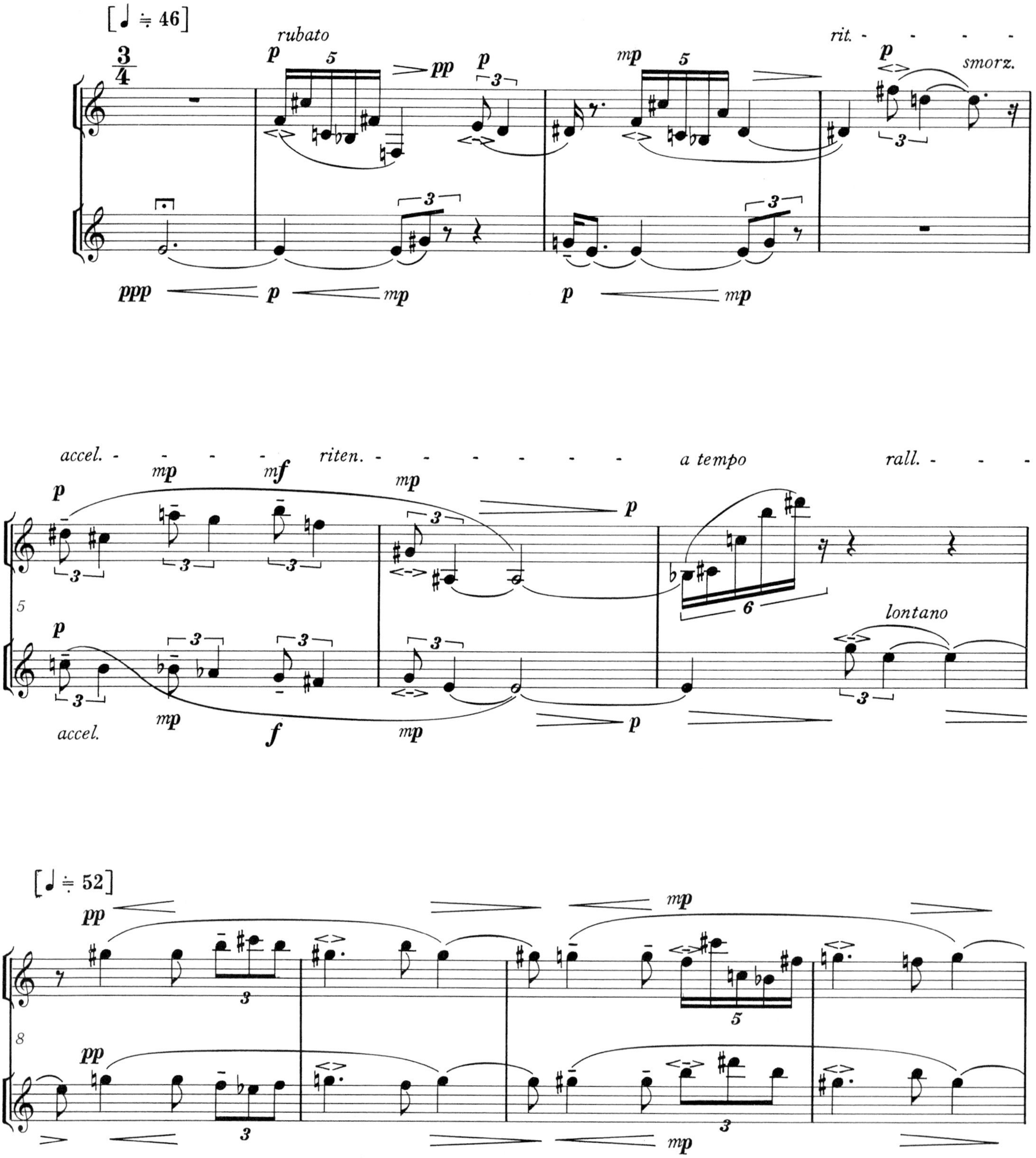

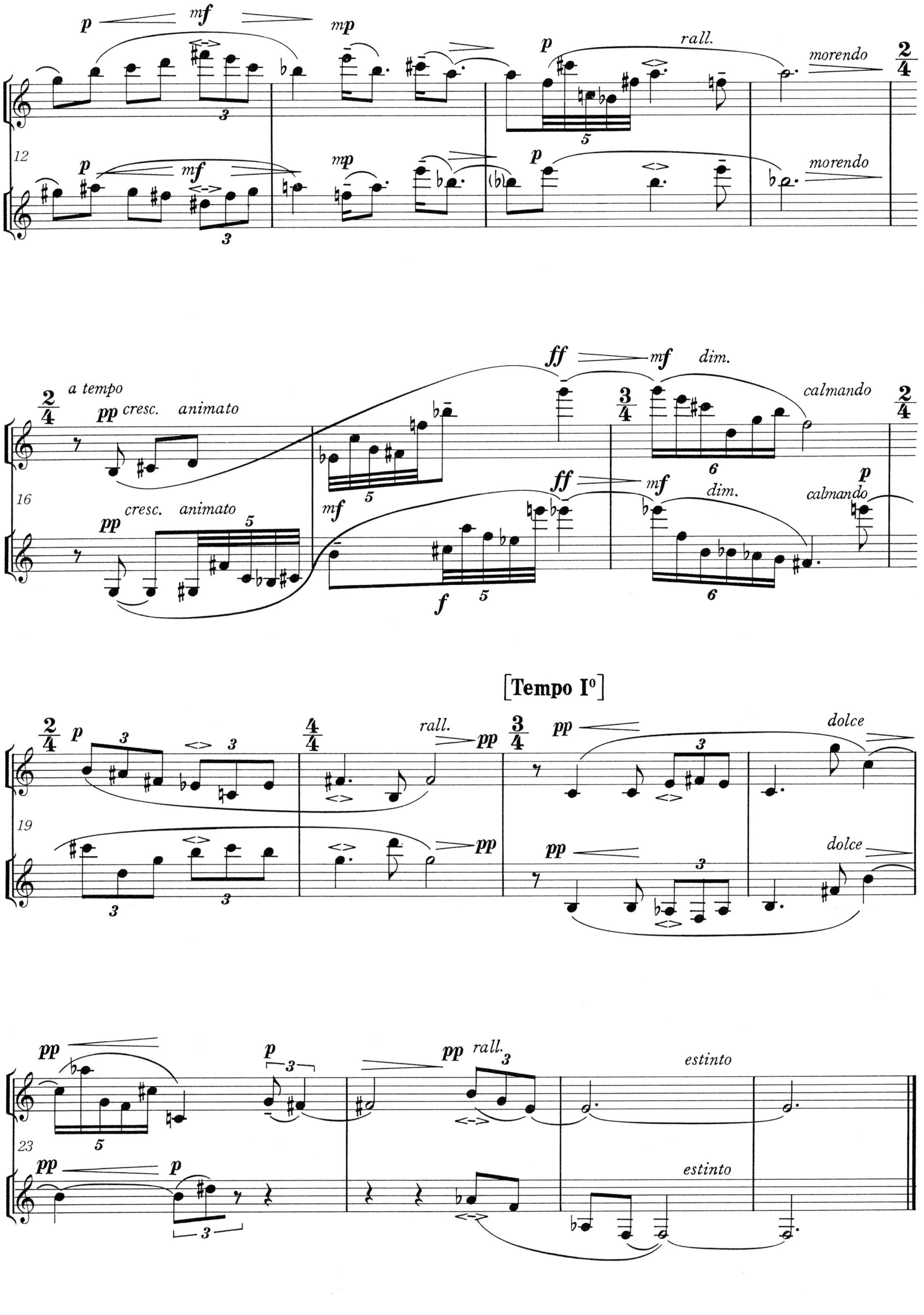

12
rall.
morendo
a tempo
cresc.
animato
16
dim.
calmando
[Tempo I°]
19
rall.
dolce
23
estinto

5．宙転

5. CHUTE

Akira Miyoshi

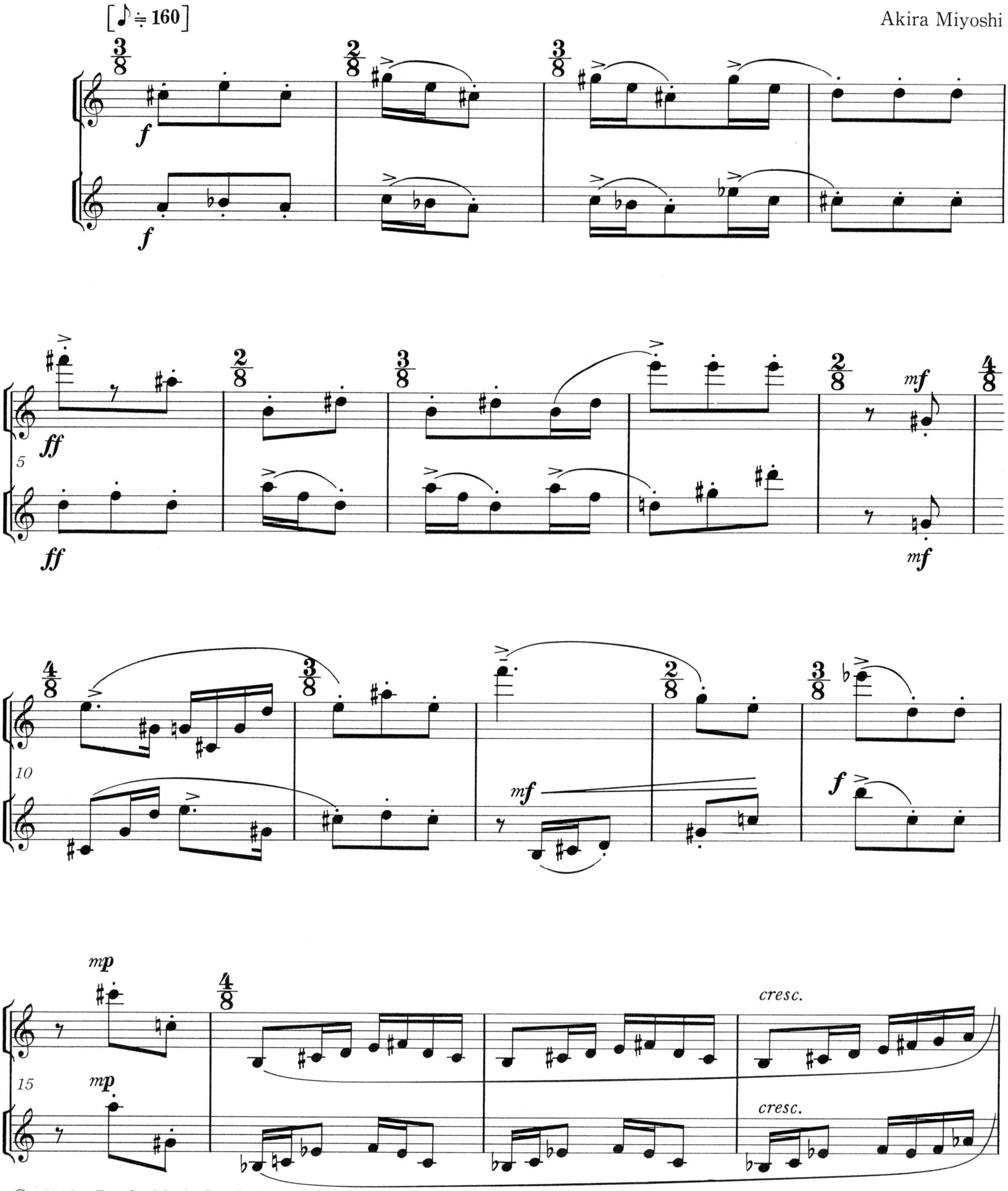

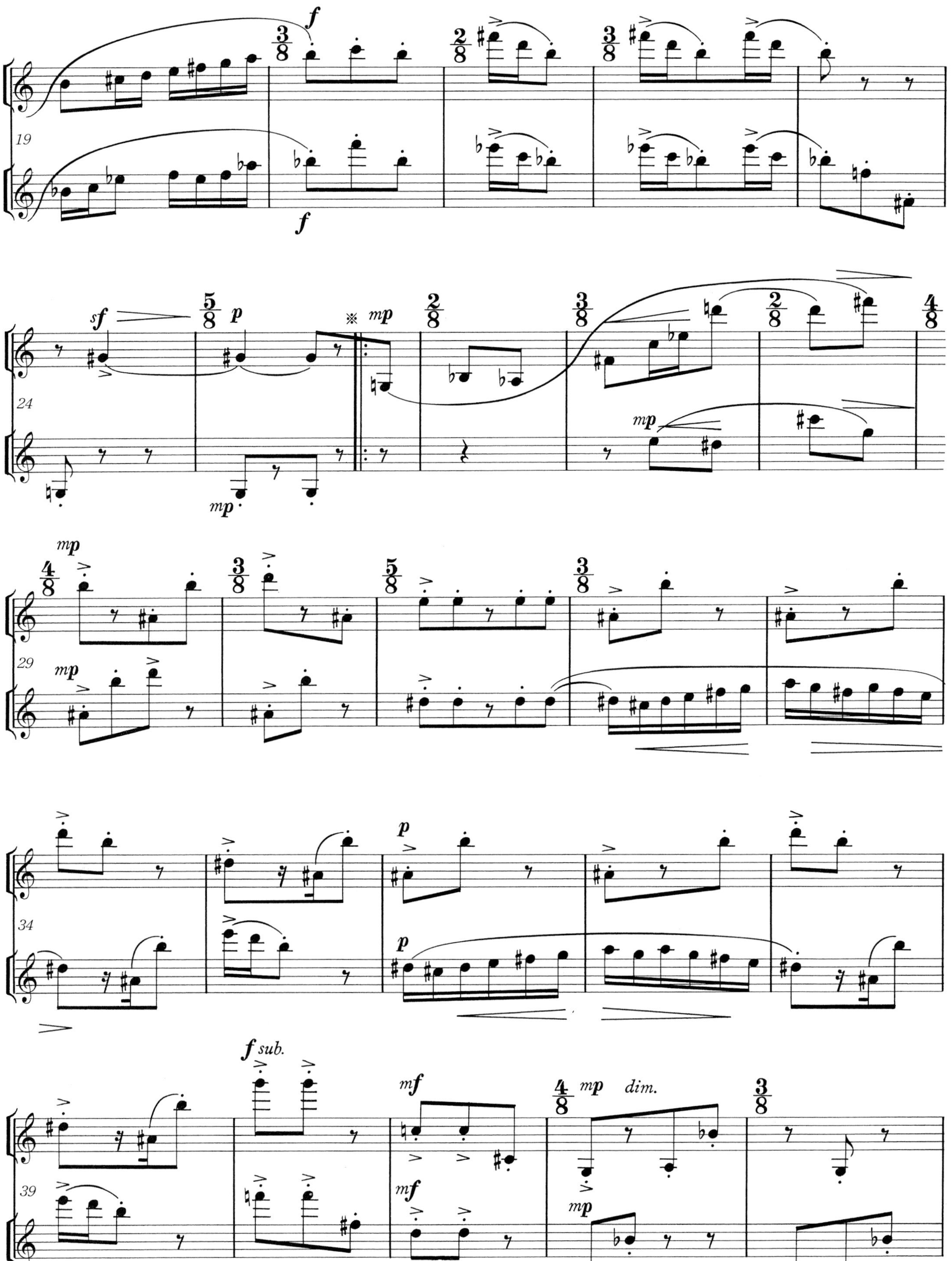

※リピートされた時拍子は、55小節から26小節迄を$\frac{5}{8}$($\frac{2}{8}+\frac{1}{8}+\frac{2}{8}$)拍子としてとらえます。

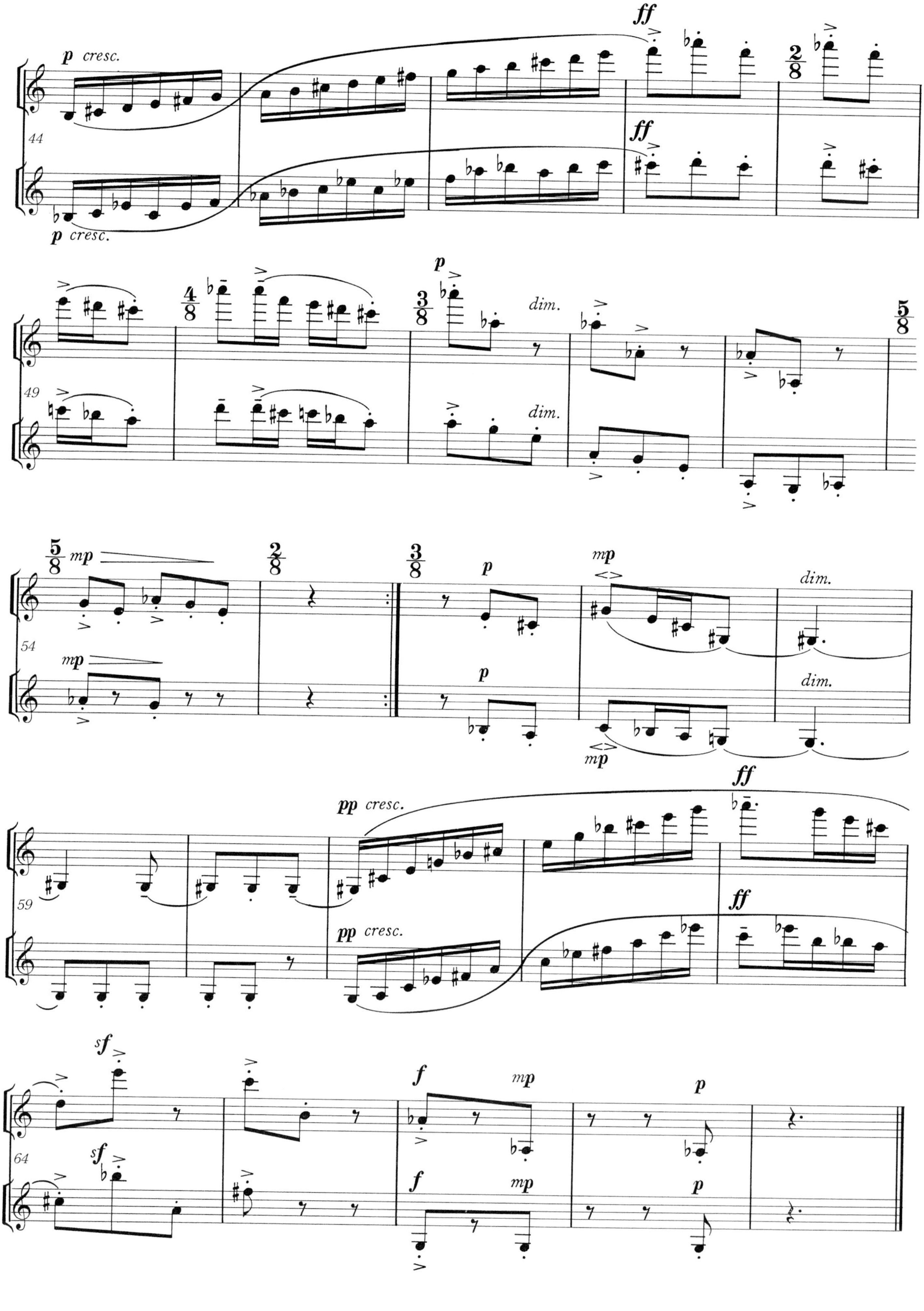
p cresc.
ff
44
p cresc.
p
dim.
49
dim.
mp
p
dim.
54
59
pp cresc.
ff
sf
f
mp
p
64

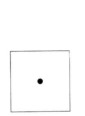

2210044

2本のクラリネットのための彩夢

作曲者 —— 三善 晃
第1版第1刷発行 —— 1991年8月25日
第1版第9刷発行 —— 2022年10月25日
発行 —— 株式会社全音楽譜出版社
—— 東京都新宿区上落合2丁目13番3号〒161-0034
—— TEL・営業部03・3227-6270
—— 出版部03・3227-6280
—— URL http://www.zen-on.co.jp/
—— ISBN978-4-11-509079-8